EROS NO CAMPO ABERTO

EROS NO CAMPO ABERTO

Ana Botner

telaranha

Edição: Bárbara Tanaka e Guilherme Conde Moura Pereira
Ilustração da capa: Laura Lima
Projeto gráfico: Bárbara Tanaka e Guilherme Conde Moura Pereira
Diagramação: Guilherme Conde Moura Pereira
Comunicação: Hiago Rizzi

Dados Internacionais de Catalogação na Publicação (CIP)
(Câmara Brasileira do Livro, SP, Brasil)

Botner, Ana
Eros no campo aberto / Ana Botner. – 1. ed. – Curitiba, PR: Telaranha, 2024.

ISBN 978-65-85830-03-4

1. Poesia brasileira I. Título.

24-195563

CDD-B869.1

Índices para catálogo sistemático:
1. Poesia : Literatura brasileira B869.1
Tábata Alves da Silva – Bibliotecária – CRB-8/9253

TELARANHA EDIÇÕES
Rua Ébano Pereira, 269 – Centro
Curitiba/PR – 80410-240
41 3220-7365 | contato@telaranha.com.br
www.telaranha.com.br

Impresso no Brasil
Feito o depósito legal

1ª edição
Março de 2024

You told me
You had an appointment
With the goddess

Diane di Prima

ALGO SOBRE A SINCRONIA

para Cris

e olhamos pela janela
a cachorra lambendo minhas pernas
enquanto
eu te via de colete vermelho, descalça
a chuva escorrendo pela varanda
e você me dizia algo sobre a sincronia
e o romantismo e como não escapamos dele
já eu respondia com a dialética e as escolhas dos ministérios
os desastres e má estrela
mas você disse que devemos ser otimistas
já eu disse: talvez não
conversamos sobre amigos antigos
como eles estão espalhados agora
fracos mudos
levados à loucura
com uma fome que corre nas veias
nas mãos
lembramos da fome, mas não sentimos falta
este oco
e disse: ninguém aqui vai vagar para baixo
talvez para os lados
você sempre brilha quando falamos do amor
como tentou se proteger e não deu
mas ninguém aqui vai vagar para baixo
eu falo como encontrei minha casa
e você se prepara para uma viagem

e a chuva escorre a cachorra late
mas o brilho nos seus olhos é bonito
gigante

MONTE HOREBE

tire a poeira desses papéis em chamas
e observe como eles voam
você que escreveu um pouco
e se despiu como uma violação
observe como eles voam
ao esquecimento
tire todas essas cantorias daqui
pegue todos os sinos de natal e a grama mais verde

desculpe mas hoje estou vendo leopardos
rasgando a pele de lindos animais
estou vendo a natureza em sua forma mais pura
selvagem
o calor inflexível em sua testa
sem ventos voando ao redor
eles estão apenas queimando livros antigos e longos vestidos vermelhos
e o desafio aqui é sorrir enquanto queima

segure sua memória apertada no colo
observe os pequenos sons
e o cheiro de pólvora enquanto entra em suas narinas
o segredo é segurar firme
não tranque você dentro de você
as palavras estão voando e caindo no céu laranja
e os trovões logo acabarão com o fogo selvagem
o segredo é segurar firme

não se segure por dentro
dance com as ovelhas
e reivindique seu depoimento aqui

nada foi feito antes como esta dança
este inventário inflamado oxidando
acabando com o verde
o azul
não se prenda dentro de você
deixe pra lá
não fique tentado a regar esse monte ardendo
apenas espere até o fim
e os grandes cavalos vão passar por você
sem nenhum aviso

ÊXTASE (Ítalo)

há dois abismos: o primeiro
tão fundo tão bonito
(i can hear it calling me)

deita comigo, amor
eu surjo em você com fome
você: a única prova viva
da metafísica, mas é mais bonito
que isso

há quatro anos você disse
que eu tinha o corpo marcado
e vem costurando
lentamente
em brasa

a noite em chamas – a noite é sempre
quebrada
e a nossa cama
estável imóvel
não morre
e tudo respira tudo é vivo
como um abismo inverso: um êxtase
que é um sussurro no ouvido e você
cheirando meu pescoço

LITTLE WONDER

há lágrimas escorrendo pelo meu rosto,
pequena maravilha
ficar parada por um tempo
é bom
bebendo meu café
fluindo na noite escura
no mais absoluto silêncio
eu estou alcançando o silêncio na fumaça
a noite está como um neném
e eu
estou apenas dançando
dançando
lá fora

ANDAR

você
  meu andarilho
observe isso
a glória está vazando das feridas
sussurrando na parte de trás da sua cabeça
você está bebendo coca-cola à tarde
você não está se importando com os limites da lei
e as chances são de que o mundo seja
muito pequeno para aquela xícara de café

mas ouça os sinos da noite
tome essa bebida devagar
e pense
apenas pense em se perder
nesta noite

CIVILIZAÇÃO 102

eu quero viver, ela diria

eu ofereço a você
os freios de emergência

eu ofereço em um buquê
os uivos dos cadáveres
os cânticos seculares
e os esconderijos cobertos de pólvora

eu ofereço canções e panfletos
a bagunça e o cheiro de suor no rosto

eu ofereço a nostalgia do primeiro jardim
o paciente zero
o primeiro sopro em seu cabelo

eu não vou durar muito, ela diria

os jovens já não são tão jovens agora
o paraíso não está perto
e eu me enchi de melancolia & vertentes demais

veja: este livro que você está lendo
não vai escovar seu cabelo à noite
ou te beijar para dormir
não vence a luta contra o homem mais fraco desta encruzilhada

ele poderia rasgá-lo
em um segundo, se quisesse

homens e mulheres passaram por mim
como se fosse a última chance
e talvez fosse
os freios já estão sujos e pegajosos
e as mãos – de Shanghai até aqui –
marcaram com a digital todos os cabos de aço

mas eu quero viver, ela diria

as partículas estão se movendo sem parar
e você sempre abrirá seus olhos novamente

eu acho que ela diria

às vezes nos beijamos com os olhos abertos
e eu consigo ver o centro disso

nós estamos nos movendo entre fábricas e máquinas a vapor
que são como os esqueletos
que usamos para erguer essa esfinge

e às vezes o tempo passa
como se estivéssemos presos como gárgulas
após a explosão de um vulcão furioso

mas eu queria viver, ela diria
embora saiba que não dure

eu também quero tocar
a pedra angular
dessa imensa vespa

PIRAR É ARDER

acende uma vela
para ficar sozinho, só um pouco
enquanto a chama vai embora
e a distância vemos um leopardo
manco, louco
assoprar cinzas de um gudang

porque a loucura não é uma festa
é uma cerimônia

é uma lágrima para um narciso

o grande felino imenso
à beira da extinção

você já está cansado
e dois cães te lambem a face

mas mesmo assim ela vem
e te põe no banho
como um bebezinho

ONLY LOVERS LEFT ALIVE

vi você tentar
desfazer tão delicadamente uma velha ferida

e ouvi os gritos, semelhantes a uma oração
e sentei no musgo
até que cresceu estranho

eu, que desci a montanha e subi de novo esperando
o uivo geral
até que uma febre sacudiu a garganta,

vi você tentar
desfazer tão delicadamente

no entanto, o mar está nas canelas
após tantos cigarros
e não se chora mais dentro da casa

mas eu e você
eu e você choramos tão bonito

no entanto, o céu está azul-bebê
e você está deitado agora
eu, deitada do outro lado
mexendo nas suas bolas, sentindo a sua pele

MÍSTICA

a luz se apaga
só para estar aqui
neste momento

em que velas e velhas canções eram usadas
para chamar os deuses uma última vez

a adrenalina entra em ação agora

fogos de cores pálidas
brincam através da fumaça

as vozes de velhos capitães
em barcos afundando no pacífico
se afogando no imenso azul

um uivo delicado

senhores bêbados e seus móveis empoeirados
lavados pelo fogo

uma única estrela
beijando sua testa antes de dormir

POEMA SOBRE O MEU AMOR

conversamos sobre a violência
e sua ética delicada

os seus olhos de gema escura
firmes e frágeis
escondem uma única lágrima

enquanto discursa, as mãos abanando
sobre a dádiva, o primitivismo selvagem
Tarkovsky e as amizades russas

e a nossa cama, o perímetro sagrado
onde não terminamos os livros e as cinzas caem

e que beleza as cinzas
o Atlântico anoitecendo devagar
as formas e a dialética
o desatino

EROS NO CAMPO ABERTO

estranhamente, pedi luzes douradas quando o trem chegar à estação
eros, olhando seus olhos de nevasca negra
fazendo chover no topo da sua cabeça

nós estamos jogando uma peça desconhecida
assistindo a moedas caírem no oceano
as ondas deixando ir

"você é mais eu do que eu"
foi o que você me disse
em cima de uma cadeira
gritando do topo de seus pulmões
deixando seu cigarro cair
pela janela aberta

BAGUNÇA SAGRADA

1.
eu só estava indo junto
mas agora
vou fazer uma bagunça de mim
nestas folhas

estou assistindo
à ruptura da minha espécie
em museus e manicômios
no sono da tarde

não entendi bem a situação
não me encaixava bem por aqui

estou sob o mais azul dos céus azuis
e os pássaros se fodem como amantes perdidos

2.
por que estou aqui chorando?
por que este banco nesta rua?

3.

os flashes sobem e descem na minha cabeça
o poema nunca escrito
nunca provado
vamos voltar ao início:
estou tentando ser sublime e torta ao mesmo tempo
fornecer uma experiência

estou tentando entender o amor
como você foi chamado para mim

4.

me lembro da primeira vez que você me disse te amo
me lembro da primeira vez que você me despiu
delírio da pele, sua boca no meu pescoço

5.
você tem que passar pelo deserto
é a única maneira
eles vão deixar você entrar
depois disso

o que você acha disso?
eu estou me enlouquecendo até ver o fim
é aqui é aqui
o horizonte

amor, onde você está?
eu quero voltar para aquela Montevidéu fria
bagunçar os lençóis em um hotel barato
te abraçar enquanto sopramos
as últimas cinzas

26 DE DEZEMBRO, POEMA DE ANIVERSÁRIO

me prometi mas aqui estou
as bibliotecas me rodeando e
babel caindo.
estou com pelos nas pernas, nas axilas
as nossas línguas entrelaçadas e um marxismo que não vaza do escritório
não sinto ódio como antes
dois anos que não bebo a sobriedade o bem-estar e etc.
“nasci com complexo de crucificação”, disse Henry Miller,
que nasceu um dia atrasado, como eu
e você bem no início me chamava de Sísifo
a grande pedra nas costas
a grande montanha e a política, que nunca me pareceu tão próxima
– ver você de costas aí pensando: “ela está completa?” e estou
quando jogamos coisas pela janela e vemos a minha irmã nascer
também em dezembro, grande e gorda
enquanto o fogo ainda não é colocado nem sequer visto
mas também eu e você cantaremos o universal
porque faço carinho na palma da sua mão
e você geme bonito pra mim, amor
e aqui estou
aqui estou sempre

ROMANTIK

de qualquer forma, a verdade é que as estrelas se alinham
para lamber gotas de suor em suas bochechas,
elas têm gosto de luz de velas à meia-noite
enquanto lobos e suas matilhas se afastam daquela lua redonda
e ouvem os sons do oceano quando ninguém está por perto.
como um relógio feito pelas mãos da gigante baleia branca
os sons do oceano
mordem como um bebezinho
sem dentes
eles estão morrendo como perdedores de uma queda de braço
em uma sexta-feira comum
eles estão morrendo como viciados em ópio
em uma China de não muito tempo atrás
eles estão morrendo pelas beiradas
em um cantinho familiar onde ela cantava
aquela velha canção de amor

CANÇÃO DE NINAR

guardo noites com você meu bebê
eu tenho uma cor quente para o campo de batalha
e uma sensação de que vai ficar tudo bem
tem um pontinho ali
ele está se movendo para cima e para baixo
para cima novamente
olha meu bebê
apenas olha para aquele coração escuro
batendo e batendo
admito que perdi o controle algumas vezes
e tudo bem
mas não se apaixone pelos grandes campos
onde insetos se dobram e se perdem
e eles entram e saem dentro e fora daquela grande lâmpada
não se apaixone por essa cor brilhante
os rios não correm mais frescos lá
apenas olhe
meu bebê
basta olhar para aquele coração escuro
batendo e batendo

CANÇÃO DE VERÃO

eu estou sendo
enfeitiçada
estou me tornando
estou me tornando um tudo que engole pequenos pedaços de vazio
vem amor
vem até mim como duas estrelas cadentes na terra destruída
como ventos devastadores passando por uma pequena casa vermelha
vem até mim como café aos domingos e com um bebê no colo
o bebê dorme suavemente
e cheira sua camisa preta
vem amor
estou me tornando
música após música depois do sexo
e nossos cigarros favoritos
o céu está cinza
deixando cair a chuva graciosa
estou deitada aqui olhando aquele teto todo muito branco
e pensando
só pensando
vem amor
está muito quente lá fora
de qualquer maneira

20's

você está sentado aí
pernas cruzadas
sob aquela pintura vermelha e amarela
você está preocupado agora meu amor
eu sei disso
e você está na minha frente
esperando notícias do seu pai
a república não é o que pensávamos
não vai nos proteger de danos
não vai esconder a dor
e está lentamente desaparecendo
este século não é o que esperamos
o que vão dizer dos anos 20?
você me disse
tudo está se repetindo
e se repetindo
com teorias lavadas
de uma era moribunda
o século 20 está morto
e nossos pais estão velhos agora
com seus cabelos grisalhos e pernas perdidas
eles estão esperando algo de nós
os anos 20 com seus sonhos crescentes
e fascismo crescente
oh enorme leviatã
venha aqui

como todos nós sentimos falta
dos grandes monumentos e
os gigantescos monumentos
brilhantes de concreto cinza
eu queria dizer
eu amo você
mas você sabe disso
eu queria dizer
drones estranhos estão voando por aqui neste verão
tem que haver mais
do que discursos alucinógenos
pelas ruas lotadas da linha do equador
tem que haver mais
do que pais sentados em uma cadeira aos domingos
e suas casas pegando fogo
e seus filhos sozinhos
tem que haver mais
do que essas linhas inclusivas e
e esse minúsculo guerrilheiro
bombeando pó em seu
pequeno canhão
prometo
seu pai vai ficar bem
prometo
o futuro
e nele
estaremos sentados em sofás muito confortáveis
assistindo ao futuro engolir a si mesmo
e se dissolver em partículas
prometo meu amor

feche seus olhos
tudo ficará bem
agora

PARA CÍNTIA (na instituição)

já se passaram três meses desde que conversamos

eu sei, não consigo alcançar o telefone
que está em minhas mãos agora
para ligar para você

sei que você está se cuidando agora
e estive lá também
de um jeito
falando com as paredes
chorando por girassóis
ouvindo o ar
nos mesmos campos
que você agora

estou com raiva de você
por coisas que você não contou

mas eu estive lá

tremendo nas ruas
caindo até a cabeça começar a queimar
pedindo misericórdia aos mesmos anjos

você veio para esta cidade quando tinha dezoito anos
e sei que essas ruas vazias

sempre serão a criança que você viu
nascer e envelhecer
e cometer os mesmos erros
e é difícil deixar ir

sei que a insanidade &
as conversas selvagens ao nascer do sol
com os olhos pálidos e sem palavras
podem parecer como rosas
& como aquelas mãos que tocam
suas próprias mãos em êxtase

eu estive lá
conversei com o mesmo santo secreto
em camisola e chinelos
me dizendo para dormir

estarei esperando por você

porque todos os girassóis
viram pó no final
levando paranoia
& luto

estou tentando dizer: vamos tomar um café quando você voltar
vamos fazer aquela revolução que você vive pedindo
e quando ela vier
você pode apostar
nós estaremos debaixo de uma linda chuva
e nós estaremos dançando, acima de tudo,
estaremos dançando

ORAÇÃO #1

as cortinas estão abertas:
cante diante da grande estátua sagrada
e nossos sonhos encantados
estarão cavando buracos através de miragens
ajoelhe diante da imagem de semideuses
compelindo os ouvidos de pessoas desatentas
para um último festival
cantando hinos para o carnaval de faz de conta
os tambores rolando e a cortina caindo
ímãs empurrando você através das luzes cintilantes
o buraco branco está no centro da peça
caia nele zumbindo como uma praga
colocada sobre nós por seres antigos
coloque seu desejo no centro
e engula como a fome dos primeiros dias
de humanidade

ORAÇÃO #2

deixo ir
com náuseas e tonturas
vermes no caixão aberto
embriaguez no ar

estava cheia de medo
mas posso ouvi-lo me chamando
afirmando em campo aberto

me envie flores
me chame para aquele estranho espetáculo
tive esse sonho uma vez

uma casa de madeira
o amor se esforçando
revirei-me dentro de mim
até que nada estava lá

não trabalhei nem rezei
engasguei por dentro
até ficar de pé

espanto eu mesma
a febre e a poesia
e os tipos arquitetônicos

ladrões de bombas
mártires
de uma realidade metálica

estou indo pelo mesmo caminho que outros seguiram
com os olhos fechados

ESPAÇO

no começo, não havia rios
as rochas começavam a se acumular umas sobre as outras
a gigante vermelha explodia em pedaços
abrindo a manhã
os cinemas não abrirão até de manhã
os cafés estão vazios
e os corredores estão se preparando
nenhum deles é fumante, nenhum deles está triste
os filhos dela são tão calmos, você não acha?
continuei vagando
esperando pela coisa que fará todos pararem por um segundo
apenas olha aquela bola amarela subindo
no começo, me lembro, era oco
estava esperando a visão ser criada, compreendida
o que farão de mim depois de construírem espaços lotados
em pequenos cômodos?

me lembro de como era antes
a solidão, essa deusa invertida
no topo de uma montanha
caindo
no seu colo

NÓS

o amor é – sempre será –
da ordem da amarração

você não sabe nada sobre a elegância
esguia das estrelas cadentes
evaporando em pó

elas se propagam como partículas
em uma intoxicação imensa
te rasgando

eu me espanto
a cada gesto
a cada nova forma

o fascínio é da ordem do naufrágio:
você vai
afundar
aqui

é uma baleia branca em fúria
tornando esta sua casa

e nós subimos degrau por degrau
até encontrá-la

meus dedos pálidos na encruzilhada
tocando a grama technicolor
limpando seus pequenos insetos

eu arrancaria um por – as unhas e as cutículas –
só para per o
das suas

para estar a
nesse chão
onde o sol ba
ardendo

PEQUENA ITÁLIA

te provo sem rumo
de volta ao pescoço aos dedos dos pés
acho que isso devia ser
como um trem a distância
dirigindo para cima e para baixo
na atmosfera densa
de uma Amazônia alargada
acho que isso devia estar
lambendo sua barriga
e indo todo o caminho para baixo
devia estar te olhando bem nos olhos
e se perdendo
balançando o barco através da terra seca
acredito que iremos para a Itália um dia
procurar seus parentes distantes
e este poema será como verões quentes na Sicília
e um copo de água gelada
acho que isso devia ser como uma praia calma
indo pela nossa cama
deixando cair água

POST-OP

deixe-me explicar
estou muito cansada agora
estou esperando que este verão exploda
e traga de volta a escuridão
o peso a noite

estou cansada dos anjos e da bondade
embora eu gostaria que fossem verdadeiros
estou sentindo falta do frio
do não suor
na testa

estou olhando para o chão
pela última hora
meu chão todo branco
embora sujo com poeira
com roupas por toda parte

o sabor metálico na boca
avisando que tudo vai passar devagar
tudo é muito lento
e tudo bem

alguém em algum lugar está
muito cansado também
de anjos e sobrenomes

do brilho incessante
do sol
de deusas e só deseja
estar passando sem identidade
sem identificação alguma e apenas
sentir o som do som
quando ele passa
lentamente

eu não deveria estar fumando agora
mas estou
eu não consigo parar

eu estou pensando em algo que soa muito bem
em outro idioma
e não posso colocar aqui

eu só queria ser livre
e colocar palavra após palavra sem significado
e vê-las de longe se destruindo
irrompendo de um ventre qualquer
enquanto uma mãe chora e não sabemos
não saberemos nunca
se aquela luz por trás de nós está brilhando para mim
ou para você

o céu está chorando devagar
e eu estou esperando
você vir até mim
depois de um dia de trabalho

beijar a minha boca
sentar na cama comigo
me proteger da luz
lá fora

MIRA

você se parece comigo quando eu tinha meses de idade
os olhos escuros e profundos do cânion
grandes buracos e luzes separadas
esperando por um milagre
um verão deslumbrante

você nasceu no verão
como eu
o suor dos primeiros dias
daqueles nascidos sob a bola de fogo
balançando no céu com força total

eu e seu pai – meu pai –
estávamos olhando as estrelas
documentando a hora que você nasceu
profetizando o futuro

você nasceu à noite
com sangue na pele
chorando pela mãe
assim como todos nós, irmãzinha

eu sou 22 anos mais velha que você
eu sou sua tia-irmã
nosso pai diz que tem certeza de que você será uma intelectual
e falará muitas línguas
e viajará para muitos lugares

eu espero que você não fume
eu espero que cometa outros erros

eu espero que você se apaixone
e quando isso acontecer
você vai ler este livro

e você saberá do que estou falando

mas por enquanto
eu quero ver você crescer selvagem
expandindo em uma combinação sensível de fogo e leite
assombrada pelo tecido da sua primeira roupa
seu primeiro sussurro
sua primeira palavra
que será, como todos nós, minha pequena: "mamãe"

FRAGILIDADE

minha cabeça está explodindo em um milhão de pedaços

poderia, se quisesse, segurar seu pescoço
estrangulá-la
faria isso por você

talvez amanhã
não agora

agora você está aí
escondida dentro de uma caverna ou uma boca
perfurando os ossos
dançando no meio de correntes elétricas e o café quente das manhãs do Rio

o que vou fazer com você?
não posso pedir seu sacrifício
não posso pedir para você se tacar fogo dentro de uma cozinha
e voar nas chamas
não posso pedir para descer até o coração do oceano
e morrer de hipotermia & tuberculose
e nem mesmo posso pedir para você rasgar os pulsos
e morrer deitada em uma jacuzzi branca & morna

não, não posso pedir isso

somos eu & você no grande carrossel
vendo o inferno e a pátria se beijando delicadamente
como adolescentes
eu & você observando os vaga-lumes
enquanto a febre começa a derreter minha testa
em deleite

e você gosta de estar aqui
em um ninho confortável

não, não vou te expulsar ou algo assim

estava só perguntando

devia estar lendo a tal teoria marxista
& beijando ele
ainda assim aqui estou
com essa raiva incontrolável
cuspindo minhas entranhas
neste corpo frágil

mas então fragilidade
vejo você aqui
toda terna
se debatendo no coração
jogando migalhas nos pássaros mais próximos
com toda a elegância dos olhos
que vão dormir às cinco da manhã
e não acordam nunca

e penso
venha aqui
talvez ainda possamos dividir
um último cigarro

7 DE JULHO, 2023

e quando o inverno chegou
estávamos sentados
você, na cadeira
eu, na cama

você está distraído
continuo procurando
o cabelo, os lábios
você não gosta do seu cabelo hoje em dia

tento fixar um momento:
a camisa verde os pés descalços
o cabelo desarrumado
a atenção nas tarefas do dia
o momento em que olha pra trás
e joga um beijo, de longe, com a boca

*

volto a ler um livro
escrito por um francês envelhecido

o velho francês tinha uma obsessão
pelo momento exato entre o
"cedo demais, tarde demais"
da morte

ele escreve:
o segundo exato
antes da morte
é talvez
o único momento possível para a experiência religiosa

ele relata os testemunhos que lia de judeus
sobre como eles ouviram a própria morte cantando o kaddish
a prece fúnebre
e como ficaram surpresos
quando ouviram:
a morte cantava em iídiche

sabia: não ia viver a morte horrenda
como os judeus quando ouviram a canção fúnebre
ele estava se preparando para a morte ordinária
deitado na cama, talvez dormindo
mas tentava fixar um momento
um milésimo apenas
a alegria de viver até o fim:
eu ainda faço parte
eu ainda estou

▪

penso no meu bisavô polonês
que nunca conheci
ele odiava a Polônia
ele nunca falou sobre a guerra
me diziam

exceto uma vez
para minha tia
mostrou um retrato
de homens muito magros
e muito fracos
e disse *um deles é meu pai*

*

"há muitos deles em lugar nenhum"
disse uma vez
o poeta polonês Jerzy Ficowski

*

eu ainda estou
eu ainda faço

muitos anos atrás
eu passei por um processo chamado
desrealização
em que a vida passa
como um sonho acordado
as cores saltavam aos olhos
e as pessoas pareciam
muito distantes

eu sabia e não sabia que estava ali
era um ato de depuração
eu ainda estou
e no entanto

as pessoas pareciam
muito distantes

▪

eu sempre me senti distante
você é um pouco fria, me disse a Cris
por baixo, é um pouco fria

no entanto
eu tento fixar um momento:
as minhas pernas deitadas
as meias brancas
o livro jogado ao lado
você, ainda nessa cadeira
acaba de acender um cigarro
a cadeira é preta
e parece desconfortável

7 DE OUTUBRO, 2023

estava indo
meio louca

pensei
nunca poderia fazer isso
me juntar inteiramente
conter as fortes chuvas

até esta paisagem é terrível

ela se move
está toda viva

e eu

e eu, querido?

*

ontem recebi a notícia
L. recaiu de novo

*

"não consegui salvar
nem uma vida

não soube deter
nem uma bala"

diz o poeta Jerzy Ficowski

*

esse poema é uma continuação

*

faço um cafuné na sua cabeça
e de repente paro

você reclama da falta de duração
eu tento manter o ritmo

eu paro e me atento
seus olhos são tão bonitos
se parecem com os meus

*

as notícias sobre gaza saíram hoje
centenas de mortos
dizem que é a pior ofensiva em décadas
você está atento a isso

a política exige certeza
e brutalidade

na época com os maoístas
eu tive certezas
também tive medo
já faz tanto tempo isso

*

ontem também soube
C. talvez saia da internação
semana que vem

*

estamos suados
é o calor do Rio

esse seu sorriso de canto de boca
é delicado

sexo entre as pausas do dia

o pensamento agora
só em fragmentos

*

não tenho tido muita vontade de falar
é um esforço
a língua vai minguando aos poucos

é como se eu voltasse
para os primeiros dias
de sobriedade

eles estão refletidos em M.,
que acabou de completar seu primeiro mês

as mãos e pés agitados
os olhos para os lados
e para baixo
um passado imenso

*

lembrar: C. talvez saia na segunda ou na terça

*

tenho feito muitas pausas
olhado com distância
aumentado o escopo

procurado o pequeno momento
em que tudo é o fora

*

nunca poderia fazer isso
me juntar inteiramente

até esta paisagem é terrível

*

o calor continua insuportável por aqui

PASSEIO NOTURNO

há algo de nostálgico nisso
os carros passando por mim
enquanto vão
eu gosto de olhar para a distância
o caos eletrizante da estrada
as luzes neon nos outdoors
os cães correndo soltos

há uma frieza em mim de que não consigo me livrar
eles incendiaram essa estrada tantas vezes
eu sento e assisto
às consequências
fumaça após fumaça
após fumaça

achei que não conseguia entender bem a palavra *duração*

mas todos eles poderiam deixar esta cidade se quisessem
ilesos, inabaláveis
eu digo adeus aos turistas

*

alguma vez olho para trás, para a estrada?
três anos se passaram desde então

é um dia lento e quente por aqui

o chão chamuscado
a vastidão da terra
o mormaço

a vida pacífica
queima

*

eu vou ficar aqui enquanto eles vão
fumaça após fumaça
e o vento sopra
eu vejo a água parada e clara
a maneira como alguém olha para baixo,
quilômetros incontáveis para baixo

*

Cris, eu espero que você volte da Alemanha em breve
Leandro, esse é um lugar difícil, não é?
Cíntia, o que aconteceu?

*

“isso é a loucura, mas uma espécie de fome”

e

“um santo não dissolve o caos”

*

por um momento, eles poderiam estar rindo

mas não

*

tem uma música de uma banda dos anos 80 que diz

justamente quando penso que estou ganhando
quando eu quebrei todas as portas
os fantasmas da minha vida
sopram mais forte do que antes

*

há um livro triste escrito
por um húngaro triste
onde os personagens
assistem à cidade deles
desaparecer
a desindustrialização
fez todos irem embora
e sobraram três ou quatro
nessa cidade-fantasma

*

há uma frieza em mim que não consigo me livrar
eles incendiaram essa estrada tantas vezes
fumaça após fumaça

eu gosto de olhar para a distância
os carros passando por mim
enquanto vão

"a casa dele é perigosa e finita, mas ele está em casa no mundo"

eu digo adeus aos turistas

APÓS A MORTE

eu & você
hipnotizados
pela complexidade
do gesto

cabeças surgindo em termos
indescritíveis

sendo cortadas enquanto elas vão

a inundação entrando em nossas gargantas secas
limpando-as
em um ato de misericórdia

somos como bebês novamente
sendo enxugados e limpos
recebendo gotas de água santa
em nossas testas

eu & você
saboreando o fracasso das sinapses
e do significado
o deus do amor & da água & da violência
decaindo em belas partículas de ar e poeira
aqui onde

apenas os pequenos vermes
e os textos decadentes
sobrevivem

BOOM

é noite lá fora
eu descanso
seguro um oceano na palma da mão
queimo minha palma com cinzas
queimo minha palma com a mais elegante cinza
agora estou cruzando o Atlântico
com a criatura lá fora
e me lembro de Nina Simone
quando ela correu para aquele rio fervendo
e pediu uma chance a deus
mas eu não ligo muito para a água
e suas consequências
e penso
nunca sou tão metafísica
e penso
sinto sua falta agora
acho que
quero esquecer a palavra escuridão
e todas as suas crianças, embora eu saiba
como são lindas
fico pensando sobre aquela coisinha
em que você explode em pedacinhos
e cai na palma da mão dele
e fica olhando ele fumar
e acho que posso lidar com isso
existem tantos estudos sobre o amor

e alguns sobre a delícia
agora vejo gatos pretos e acidentes bárbaros
vejo seu santuário com poetas mortos e uma única foto de família
vejo fortes marés de fascismo
e inexplicáveis ventos de tristeza
perda
e as punições da lei
vejo cores que odeio
e muitas pessoas murmurando
um silêncio profundo e uma escada
as escadas não significam nada
e a fatalidade é uma marcha vitoriosa de moribundos
mas isso não é o amor
vejo a ambição e o espectro sem fim
que nos foi prometido no século dezenove
vejo você e me lembro de como você me prometeu
em um poema
de que este seria o meu século
e sei
agora
que posso lidar
com a explosão

ESTE CAMPO SEMPRE ABERTO

por Marcelo Reis de Mello

O amor é sempre a possibilidade de assistir ao nascimento do mundo.
Alain Badiou, *Elogio ao amor*

A pele serve de céu ao coração.
Luís Miguel Nava, *Como alguém disse*

Em seu livro *Histórias de amor*, a psicanalista búlgara Julia Kristeva afirma que "em cada relato privado, íntimo, inconfessável, buscamos decifrar os meandros desse mal que se relaciona tão estranhamente com as palavras. Idealização, estremecimento, exaltação, paixão; desejo de fusão, de catástrofe mortal desdobrada à imortalidade, o amor é a figura das contradições insolúveis, o laboratório do nosso destino"[1].

Uma passagem muito acertada (de um livro pouco lido, aliás), introduzida aqui para pensar não só as contradições insolúveis do Amor, como também a natureza paradoxal da poesia. Mas antes de aprofundar esse vínculo infinito, recuemos um pouco para ler atentamente o título do segundo livro de Ana Botner: *Eros no campo aberto*. O que me ocorre é uma espécie de *déjà vu*. A imagem é um pouco abstrata, lírica,

---

1 KRISTEVA, Julia. *Historias de amor*. México: Siglo XXI Editores, 1987. p. 342. Tradução nossa.

e soa estranhamente pleonástica. Afinal, como pensar o Amor senão em sua abertura, sua ferida, como horizonte adiado do nosso desejo? Ou ainda: não seria justamente nesse descampado, ao ar livre, que os amantes leem os signos noturnos (os astros) traçando constelações no céu, em busca de um destino luminoso? A palavra *desejo* vem – como é bonito! – do latim *desiderium, desiderare, de sidere*: dos astros. *Amor no campo aberto* não implica, então, uma tautologia?

O problema é justamente a natureza ambígua ou oximórica dessa abertura. Para Eros – um *daimon* (nem deus nem humano) filho da penúria e da passagem, Penia e Poros –, o que significa dentro e fora? Se o Amor se constitui precisamente na ausência de limites, talvez seja porque para ele a pele não retém, sendo só um *entre*: não interioridade e desapropriação do fora: "a pele serve de céu ao coração". No Amor, não nos abrimos apenas à leitura noturna dos astros, mas enfrentamos, sobretudo, o des-astre (perda da estrela) da linguagem. Os amantes logo são lançados à ilegibilidade daquilo que, até então, orientava ou organizava o mundo em códigos mais ou menos estáveis.

"não tranque você dentro de você" (p. 9). "apenas pense em se perder/ nesta noite" (p. 13). "estou sob o mais azul dos céus azuis" (p. 22). "você tem que passar pelo deserto" (p. 26). O livro da Ana deixa-se ler como um corpo cheio de pequenas cicatrizes vivas, lacerações, escrito numa língua de feridas e palavras cifradas. O deserto, a noite, o mais azul dos céus são alguns nomes dessa abertura em que fora e dentro já não dão acesso a um sentido (Jean-Luc Nancy diria que são acessos *de* sentido), pois, continua Julia Kristeva, o Amor "sugere um estado de instabilidade em que o indivíduo deixa de ser indivisível e aceita perder-se no outro, para o outro"[2]:

---

2 KRISTEVA, Julia. *Historias de amor*. México: Siglo XXI Editores, 1987. p. 4. Tradução nossa.

"você é mais eu do que eu"
foi o que você me disse
em cima de uma cadeira
gritando do topo de seus pulmões
deixando seu cigarro cair
pela janela aberta
(p. 21)

Ou esta paisagem:

e a nossa cama, o perímetro sagrado
onde não terminamos os livros e as cinzas caem

e que beleza as cinzas
o Atlântico anoitecendo devagar
(p. 20)

A recolha é crivada por signos da fumaça e do fogo, das cinzas dos muitos cigarros fumados nos poemas, ou então das grandes explosões cósmicas, do fim ou do início de eras geológicas. Por outro lado, e não por acaso, constitui-se pelo signo da água, que aparece tanto em imagens de enchentes e dilúvios como de pequenas lágrimas que escorrem pelo rosto dos amantes: "há lágrimas escorrendo pelo meu rosto,/ pequena maravilha" (p. 12), "os seus olhos de gema escura/ firmes e frágeis/ escondem uma única lágrima" (p. 20).

Nesse jogo de analogias e correspondências entre as coisas e os elementos (que poderia ser apenas banal), os poemas de Ana ultrapassam qualquer noção preconcebida de erotismo e propõem a inauguração intermitente desse *campo aberto*: um nome próprio confunde-se com um topônimo (Ítalo, Pequena Itália); uma cidade (o Rio) é um universo em expansão, caótico e abafado, onde apenas uma íntima e discreta frieza o afronta. Entre símbolos afetivos da herança judaica e a destruição televisionada da Palestina; entre aquele nunca-mais e um sempre-ainda, ou, como ela mesma escreve, certa "obsessão/ pelo momento exato entre o/ 'cedo demais, tarde demais'/ da morte" (p. 51).

Vejamos como essa tensão entre o corpo e o cosmos é explorada no poema "Espaço" (p. 39), que retoma, inclusive, o sentimento de sideração (aquela sensação de morte) da primeira publicação da poeta, *Andar barato* (Urutau, 2021), onde o Rio é anterior aos rios e a estrela se despedaça para abrir a manhã, como se abrisse um mundo:

> no começo, não havia rios
> as rochas começavam a se acumular umas sobre as outras
> a gigante vermelha explodia em pedaços
> abrindo a manhã
> os cinemas não abrirão até de manhã
> os cafés estão vazios
> e os corredores estão se preparando
> nenhum deles é fumante, nenhum deles está triste
> (p. 39)

Mesmo a possibilidade da invenção do *seu* século torna-se uma lúcida aceitação de que o corpo exploda em pedacinhos. Os espectros do comunismo prometem um futuro que se frustra a cada passo, o tempo se desagrega em vertigem melancólica e Eros parece restrito ao universo doméstico (palavra detestável, esta!), na medida em que o amor revolucionário – a camaradagem – cede, pouco a pouco, às "fortes marés de fascismo" (p. 67).

No entanto, assim como em *Andar barato*, a Fragilidade não é uma figura da pura passividade, e sim um outro *daimon*, uma fímbria por onde se equilibra a libido, corpo que resta e uma boca que diz: "mas isso não é o amor" (p. 67). O Amor nunca é definitivamente dito, porque não pode ser. É precisamente a adversativa, essa palavra adiada (ainda não é isso, o Amor) que mantém vivo o poema sobre toda ruína, o desastre da escrita. E, ao lado dela, um fio de voz: "*eu ainda estou/ eu ainda faço*" (p. 53):

BOOM

[...]
fico pensando sobre aquela coisinha
em que você explode em pedacinhos
e cai na palma da mão dele
e fica olhando ele fumar
e acho que posso lidar com isso
existem tantos estudos sobre o amor
e alguns sobre a delícia
agora vejo gatos pretos e acidentes bárbaros
vejo seu santuário com poetas mortos e uma única foto de família
vejo fortes marés de fascismo
e inexplicáveis ventos de tristeza
perda
e as punições da lei
vejo cores que odeio
e muitas pessoas murmurando
um silêncio profundo e uma escada
as escadas não significam nada
e a fatalidade é uma marcha vitoriosa de moribundos
mas isso não é o amor
vejo a ambição e o espectro sem fim
que nos foi prometido no século dezenove
vejo você e me lembro de como você me prometeu
em um poema
de que este seria o meu século
e sei
agora
que posso lidar
com a explosão
(p. 66-67)

Fica muito claro (*sic*!) que não se trata de esperar pela grande luz da salvação ou qualquer restituição messiânica. Mais do que qualquer coisa,

trata-se da sutil restituição do desejo (*de sidere*) pela abertura ao espanto (*sideratio*). O paradoxo sobre o qual se assenta a poesia e por onde ela se aproxima da declaração amorosa ("eu te amo") é que o poema só pode ser dito pela não exclusão do silêncio na palavra. Mais do que isso: é preciso continuar a dizer para que o silêncio não acabe, para que ele persista e, assim, subsista o mistério, o charme – o "ponto de demência" de que fala Deleuze.

o fascínio é da ordem do naufrágio:
você vai
afundar
aqui
(p. 40)

Ou, "como um abismo inverso":

a noite em chamas – a noite é sempre
quebrada
e a nossa cama
estável imóvel
não morre
e tudo respira tudo é vivo
como um abismo inverso: um êxtase
(p. 11)

A palavra da poeta implica justamente a não exclusão da morte na vida (pois não são termos opostos, não existe dentro e fora). Penso neste verso violento de Antonin Artaud: "Dilatar o corpo de minha noite interna", que poderia servir de epígrafe para o livro da Ana, tanto quanto o verso citado antes, de Luís Miguel Nava. Apenas se ela não tivesse encontrado os próprios meios de dizer a potência do negativo:

estou esperando que este verão exploda
e traga de volta a escuridão
o peso a noite
(p. 43)

Quero insistir que a coincidência entre o "eu te amo" e a poesia não se separa dessa aspiração ao impossível (o silêncio, o Aleph) místico. Mas, somente no seu corpo de carne, na sua profunda imanência ou sua *ecceidade* (Deleuze), é que uma escrita se torna erótica. Sobre esse ponto, vale a pena lembrar de Georges Bataille: "Todos nós sabemos que cada voz poética comporta em si mesma sua impotência imediata, cada poema real morre ao mesmo tempo em que nasce, e a morte é a condição mesma de sua realização. É nesta medida em que a poesia é levada até a ausência da poesia que a comunicação poética é possível"[3].

Ora, se trocássemos os termos *voz poética* e *poesia* por *amante* e *amor*, teríamos encontrado algum contorno para o Erotismo do próprio Bataille. O paradoxo da poesia é o oxímoro do Amor. Giorgio Agamben, em um de seus livros mais bonitos, *Ideia da prosa*, escreve um verbete intitulado justamente "Ideia do amor", que faço questão de compartilhar na íntegra:

> Viver na intimidade de um ser estranho, não para nos aproximarmos dele, para o dar a conhecer, mas para o manter estranho, distante, e mesmo inaparente – tão inaparente que o seu nome o possa conter inteiro. E depois, mesmo no meio do mal-estar, dia após dia não ser mais que o lugar sempre aberto, a luz inesgotável na qual esse ser único, essa coisa, permanece para sempre exposta e murada.[4]

---

3 BATAILLE, Georges. La religion surréaliste (Conferência proferida no Club Maintenant em 24 de fevereiro de 1948). *Oeuvres complètes VII*. Paris: Gallimard, 1976. p. 394-395. Tradução nossa.

4 AGAMBEN, Giorgio. *Ideia da prosa*. Trad. João Barrento. Lisboa: Cotovia, 1999. p. 51.

Talvez seja um pouco mais complicado entender a formulação de Agamben do que a de Bataille. De fato, eu a leio quase como um poema. Mas o que importa é compreender que o Amor (tanto quanto a poesia) é essa coisa da qual não somos senhores, à qual não acedemos; e aquele que se apaixona – já destituído da *propriedade* da linguagem – "é o único entre os vivos que pode a sua impotência"[5]. O italiano desenvolve essa ideia em um ensaio chamado "A paixão da facticidade", que considero importante.

Haveria muitos outros caminhos a percorrer para falar sobre tudo o que eu desejo a respeito deste livro. Ele me trouxe muitas ideias, me fez querer escrever (ainda que com injustificável atraso) sobre vários assuntos. Um deles remete a certa teoria do texto como hifologia (*hyphos* é o tecido e a teia da aranha) proposta por Roland Barthes, que conversa com dois versos de *Eros no campo aberto*: "o amor é – sempre será – / da ordem da amarração" (p. 40). Versos aparentemente simples, mas que nos abrem ao universo extremamente rico da textura (e tecitura) dos textos. Ou teias que nos levariam a Fernand Deligny, o mais aracniano dos escritores do século passado: "O único suporte que possibilita a rede é a brecha, a falha. Se se tratar de uma janela, a rede se torna cortina"[6]. Ou mesmo a Deleuze e Guattari, que, influenciados por Deligny, insistiram muito na ideia de "rede aracniana das linhas de errância". Atualmente, poderíamos pensar com o antropólogo Tim Ingold no modo como o mundo das coisas se move eroticamente por uma espécie de malha (*meshwork*), não através de uma rede (*network*).

Também há a questão dos bebês. *Eros no campo aberto* é mais um livro sobre o nascimento do que sobre a morte. Ou, para não cairmos numa armadilha armada no nosso próprio texto: é um livro em que a

---

5 AGAMBEN, Giorgio. *A potência do pensamento*: ensaios e conferências. Trad. António Guerreiro. Belo Horizonte: Autêntica, 2015. p. 255-281.

6 DELIGNY, Fernand. *O aracniano e outros textos*. 2. ed. Trad. Lara de Malimpensa. São Paulo: n-1 edições, 2018. p. 30.

morte também não cessa de nascer junto com as coisas, em que a cidade é um "ramo de lâminas" (Herberto Helder), o mais cortante dos anagramas do *Amor*. Ao lado do poema para Mira, sua irmã, um dos mais bonitos de todos, eu colocaria esta difícil

CANÇÃO DE NINAR

[...]
mas não se apaixone pelos grandes campos
onde insetos se dobram e se perdem
e eles entram e saem dentro e fora daquela grande lâmpada
não se apaixone por essa cor brilhante
os rios não correm mais frescos lá
apenas olhe
meu bebê
basta olhar para aquele coração escuro
batendo e batendo
(p. 29)

E assim como acontece com o fogo e a água, o bebê é por vezes uma criança, por vezes o amante, outras vezes a cor do céu: "no entanto, o céu está azul-bebê" (p. 18), "os sons do oceano/ mordem como um bebezinho/ sem dentes" (p. 28), "somos como bebês novamente/ sendo enxugados e limpos/ recebendo gotas de água santa/ em nossas testas" (p. 64).

Reconheço também uma reincidência da imagem da dança e, é claro, questões relativas à urgência e à loucura, sobre as quais escrevi mais detidamente no texto publicado em 2022 na revista *Cult*[7], acerca do

---

7 MELLO, Marcelo Reis de. Aquela sensação de morte: "Andar barato", de Ana Botner, e outros lançamentos. *Cult*, São Paulo, 2 ago. 2022. Disponível em: https://revistacult.uol.com.br/home/aquela-sensacao-de-morte-andar-barato-de-ana-botner-e-outros-lancamentos/. Acesso em: 28 fev. 2024.

primeiro livro da Ana. De qualquer modo, um posfácio não é um estudo monográfico. Espero que seja, ao menos, uma declaração de amor.

Marcelo Reis de Mello
Fevereiro de 2024

Marcelo Reis de Mello (Curitiba, 1984) é poeta, crítico e professor de literatura. Doutor em Literatura Comparada pela Universidade Federal Fluminense (UFF), é coordenador no Brasil do World Poetry Movement e representante brasileiro da BRICS Writers' Union. Como poeta, publicou, entre outros livros, *José mergulha para sempre na piscina azul* (Garupa, 2020, finalista do Prêmio Jabuti). Seus poemas têm sido traduzidos ao russo, croata, francês, inglês e espanhol.

1ª edição [2024]

Este é o livro nº 13 da Telaranha Edições.
Composto em CoFo Gothic, sobre papel pólen bold 90 g,
e impresso nas oficinas da Gráfica e Editora Copiart em março de 2024.